YMLAEN Â HI!

Menywod Cymru ym Myd y Campau

Dymuna'r awdur ddiolch i'r ffynonellau hyn am gymorth a deunydd:
Archif Menywod Cymru: www.archifmenywodcymru.org
gyda diolch arbennig i Catrin Stevens am nifer o awgrymiadau creadigol
Gwefan Welsh Sports Hall of Fame: https://welsh-sports-hall-of-fame.wales
Casgliad y Werin: https://www.peoplescollection.wales

Gwyn Derfel a Simon Roberts, Undeb Rygbi Cymru
Gwefannau Cymdeithasau Chwaraeon Cymru
Erthyglau papurau newydd a chylchgronau'r gwahanol gyfnodau
Janet Sully, archifydd Ysgol Howells Llandaf

Diolch hefyd i olygyddion y wasg am gymorth
gyda'r ymchwil a'r golygu creadigol:
Delyth Medi a Nia Roberts

ac i dîm Cam Cynnydd 3, Cyngor Llyfrau Cymru,
am eu cymorth.

Darluniau'r athletwyr:
Elin Mair Roberts, Lois Povey

Argraffiad cyntaf: 2025

Llun clawr: Lois Povey
Dylunio'r clawr a'r tu mewn: Eleri Owen

Rhif ISBN clawr meddal: 978-1-84527-985-1
Rhif ISBN elyfr: 978-1-84524-640-2

Cyhoeddwyd gan
Gwasg Carreg Gwalch,
12 Iard yr Orsaf, Llanrwst,
Dyffryn Conwy, Cymru LL26 0EH.

Ffôn: 01492 642031
e-bost: llyfrau@carreg-gwalch.cymru
lle ar y we: www.carreg-gwalch.cymru

CYNGOR LLYFRAU CYMRU
BOOKS COUNCIL of WALES

Cyhoeddwyd gyda chymorth Cyngor Llyfrau Cymru.

YMLAEN Â HI!

MENYWOD CYMRU YM MYD Y CAMPAU

ELEN WILLIAMS

Carreg Gwalch

Cydnabyddiaethau darluniau a ffotograffau

Gwnaed pob ymdrech i olrhain a chydnabod pob hawlfraint ar gyfer y lluniau a ddefnyddiwyd yn y gyfrol hon. Os tramgwyddwyd mewn unrhyw fodd, gwnaed hynny'n ddamweiniol a gofynnwn am faddeuant yn yr achos hwnnw.

DARLUNIAU

Lois Povey – Clawr, 3; 14; 16; 22; 25; 26; 27; 30; 32; 34; 38; 46; 48; 55; 59; 62; 66; 67; 68; 72; 78; 80; 81; 83; 84; 90; 92; 94
Elin Mair Roberts – 44

FFOTOGRAFFAU

Oriel Anfarwolion Archif Chwaraeon Cymru – 12–13
Seren Tanaka Lloyd Jones – 16
BSA – Black Swimming Association – 18
Papur bro *Yr Wylan* – 19 (top)
Archifdy, Ysgol Howell's, Llandaf – 31
Ysgol Gymraeg Ystalyfera Bro Dur – 37
Urdd Gobaith Cymru – 77; 88
Mark Shearman (Angharad Mair) – 71 (gwaelod)
Beca Jackson – 76
Mudiad Clybiau Ffermwyr Ifanc Cymru – 74
Papur Bro *Yr Odyn* – 85
Archif Tîm Menywod Prestatyn – 86
Wikimedia Commons – 10–11; 20–21; 22–23; 22–23; 24; 26–27; 35; 40–41; 42; 49–50; 51–52; 56–57; 62–61; 64–65; 70; 71 (top); 72 (top); 73; 77; 78; 87–88; 95–96
Creative Commons – 6–7; 8; 18–19 (gwaelod); 28–29; 33; 36; 39; 43; 53–54; 58; 60; 63
Pexels – 35
Pixabay – 57

Gweithgareddau plant a phobl ifanc

- Cliciwch ar y QR
- Cliciwch ar Gweithgareddau plant a phobl ifanc yn y rhestr
- Dewiswch CYNRADD, PONTIO neu UWCHRADD a chliciwch ar glawr y llyfr

CYNNWYS

CYFLWYNIAD

Dyma gyfrol sy'n dathlu camp y menywod hynny sy'n mynd amdani yn y byd chwaraeon.

Mae menywod Cymru wedi dangos cymeriad arbennig wrth frwydro i ddod i'r brig mewn sawl camp dros y blynyddoedd. Ond nid brwydro yn erbyn cyd-gystadleuwyr yw eu hanes bob tro. Mae pob un sy'n ferch ym maes y campau wedi gorfod brwydro yn erbyn:

- rheolau annheg
- diffyg adnoddau ac arian i gêm y menywod
- diffyg cyfle i fenywod beichiog
- rhagfarnau nad yw chwaraeon yn addas i ferched
- rhagfarnau bod merched yn rhy fach, rhy wan, rhy ofnus, rhy ddihyder ar gyfer pob math o gampau

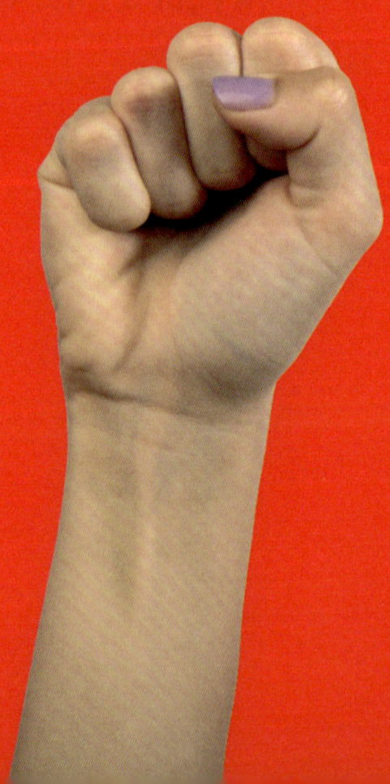

Mae sylw i fenywod unigol sydd wedi brwydro'n llwyddiannus i serennu mewn gwahanol gampau yn y gyfrol hon. Wrth ddarllen eu straeon, byddwn yn cael ein taro gan lawer o deimladau cryfion:

- cyfeillgarwch
- penderfyniad
- ymdrech yn erbyn pob math o rwystrau
- dewrder
- gwladgarwch
- dyfalbarhad
- cryfder cymeriad
- byw breuddwyd

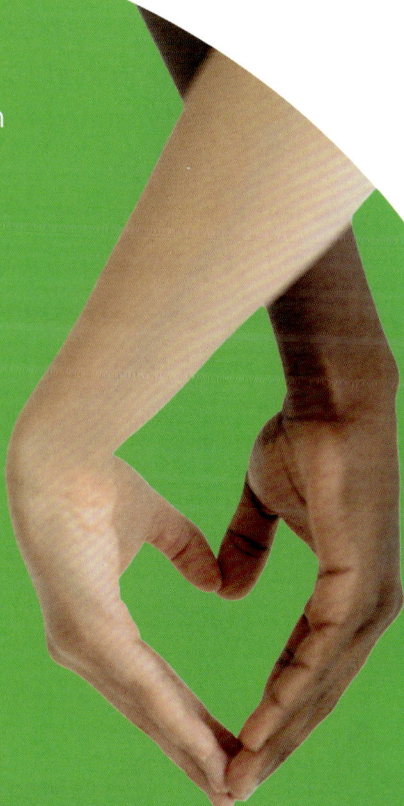

Dyma hanes menywod sydd yn dangos y ffordd ymlaen i ni. Bydd yn barod i gael dy ysbrydoli!

RHAGAIR
Laura McAllister

Pan oeddwn i yn ferch fach yn tyfu lan ym Mhen-y-bont ar Ogwr, roedd menywod fel Fatima Whitbread, Kirsty Wade a Tessa Sanderson yn arwyr i mi. Roedd yn wych gweld menyw yn llwyddo yn y campau.

Heb os, fe wnaeth yr athletwyr Olympaidd 'ma fy ysbrydoli i. Fe wnaethon nhw agor y drws i genhedlaeth gyfan.

Yn ferch fach, wyddwn i ddim fod stori'r menywod hyn yn beth mor brin. Doedd menywod ddim yn cael eu gweld yn gwneud campau fel hyn ar y teledu ac yn y papurau newydd bryd hynny. Doedd fawr ddim athletwyr benywaidd yn adeg Mam, a llai fyth adeg Mam-gu! Ar y pryd, roedd bron yn amhosibl gweld merched yn chwarae pêl-droed neu rygbi.

Ond dyna sy'n wych am y gyfrol hon. Mae'n dangos inni fod menywod

Cymru yn chwarae pêl-droed, yn nofio ac yn codi pwysau, yn chwarae golff a chwarae tennis dros gan mlynedd yn ôl!

Eisie'r un cyfle – dyna'r cyfan rydyn ni'n ei ofyn amdano. Mae menywod yn dangos eu bod yn gallu cyrraedd y brig, a gallwn ni ddangos ein bod ni yn well na dynion weithie! Wyddoch chi mai menyw – Irene Steer – oedd y cyntaf i ddod adref i Gymru o'r Gemau Olympaidd gyda medal aur? Doedd menywod ddim yn cael nofio yn y gemau hynny cyn Stockholm 1912. A dyna'r union flwyddyn y daeth yr aur i Gymru!

A phwy yng Nghymru oedd yr ieuengaf erioed i ennill y 100fed cap mewn unrhyw gamp – menyw eto! Angharad James-Turner y tro hwn – a hi hefyd oedd capten Tîm y Flwyddyn yn 2024, sef Tîm Menywod Pêl-droed Cymru. A pha ryfedd!

Gallwn, gallwn fod yn falch o gampau menywod Cymru – er mor anodd oedd yn daith yn aml. Llyfr sy'n dathlu yw hwn. Mae gan y menywod hyn wên ar eu hwynebau. Byddwn ninnau yn gwenu wrth ddarllen eu hanes! Mwynhewch!

Menywod Cymru
NOFIO

Roedd mynd i lan y môr yn wahanol iawn ychydig dros gan mlynedd yn ôl ...

O siwtiau crand ...

- Promenâd Llandudno gan mlynedd yn ôl yw hwn.
- Does dim llawer yn nofio yn y môr!
- Mae pawb mewn gwisgoedd crand.

I siwtiau nofio ...

- Ond o dipyn i beth dechreuodd bobl fynd i nofio yn y môr.
- Dyma siwt nofio i fenyw yn 1913. Roedd pobl yn dweud fod 'dŵr y môr yn dda i chi'. Felly newid i'r siwt a sefyll yn y tonnau amdani!

Stafelloedd newid symudol ...

- Roedd cerbydau arbennig i chi gael newid i'r dillad nofio yn y dŵr!
- Roedd rhaid newid i'ch dillad nofio, yna cerdded i lawr y grisiau ac i mewn i'r tonnau.
- Mewn ambell dref, roedd rhan o'r traeth i'r dynion a rhan i'r merched. Wir! Byddai cosb am fentro i'r rhan anghywir – £2 – lot o arian bryd hynny!

Cerbyd newid yw hwn.

Mae'r cartŵn ar y cerdyn post yn gwneud hwyl ar ben y menywod yn y môr.

Ond daeth rhai menywod o Gymru yn nofwyr gwych ...

Kathleen Thomas (1906–1987)

(Kathleen Day ar ôl priodi)

Doedd yr un dyn erioed wedi nofio o Benarth i Weston-super-Mare – siwrnai o 11 milltir ar draws Môr Hafren. Ond roedd Kathleen Thomas, 21 oed, am greu hanes.

Geni: De Affrica.

Plentyndod: Porthcawl a Phenarth.

Gwaith: Hyfforddi nofio.

Ffaith ddiddorol: Mae plac ar bier Penarth i gofio amdani.

Bu farw yn 1987 a chafodd ei llwch ei wasgaru ar Fôr Hafren.

Dechreuodd am **4.15 y bore, 5 Medi, 1927**.

- Roedd saim wedi'i daenu dros ei chorff. Tybed sut oedd hyn yn teimlo?
- Cafodd siocled a diod poeth cyn cychwyn – syniad ardderchog!

Kathleen gyda rhai o'i thlysau

- Roedd **cerrynt** cryf wedi gwneud y daith yn anodd i Kathleen, ond ar ôl nofio am 7 awr (waw – meddyliwch!), daeth hi o'r môr yn Weston-super-Mare. Llwyddiant!
- Aeth ymlaen i gystadlu ac ennill llawer o wobrau ac yna symudodd i Lundain i fod yn hyfforddwr nofio.
- Dim ond pobl **amatur** oedd yn cystadlu yn y Gemau Olympaidd bryd hynny felly chafodd Kathleen ddim mynd i'r gemau yn 1928.

GEIRFA

Cerrynt: Lli cryf mewn dŵr.

Amatur: Rhywun sydd ddim yn cael tâl am wneud y gamp.

Irene Steer (1889–1977)

(Irene Nicholson ar ôl priodi)

Plentyndod: Caerdydd. Yn 8 oed, dechreuodd nofio yn llyn Parc y Rhath, Caerdydd.

Ffeithiau arbennig:

Y Gymraes gyntaf i:

- nofio 100 llath o dan 100 eiliad yn 1907, yn ôl Cymdeithas Nofio Cymru.
- ennill Pencampwriaeth Lloegr. Daeth yn gyfartal â record y byd yn 1910.
- ennill medal aur yn y Gemau Olympaidd.

Y Gemau Olympaidd

- 1912 yn Stockholm, Sweden. Menywod yn cael cystadlu yn y Gemau Olympaidd am y tro cyntaf. O'r diwedd!
- Roedd Irene yn aelod o dîm Prydain.
- Enillodd ei **rhagras** nofio unigol. Daeth yn gyfartal â record y byd.
- Ond cafodd ei thorri allan o'r ras am fod un o'r nofwyr eraill wedi cwyno eu bod wedi taro yn erbyn ei gilydd.
- Llwyddiant! Nofiodd Irene gymal cyntaf y ras gyfnewid 4 x 100 metr i fenywod.
- Enillodd tîm Prydain y fedal aur, a chael record byd – a gorffen 12 metr ar y blaen i'r tîm ddaeth yn ail. **12 metr**!

GEIRFA

Rhagras: Ras i brofi gallu cyn y brif ras.

Seren Tanaka Lloyd Jones

Nofiwr Du yw Seren. Mae'n disgrifio ei hun fel hyn: 'Cymreig a Zimbabwaidd'. Cafodd wersi nofio yng Nghaerdydd, gan gystadlu am 13 blynedd. Nofio yn y môr yw un o'i hoff bethau!

Gwaith: Newyddiadurwr gyda BBC Cymru.

Enwog am: Creu ffilmiau dogfen yn trafod materion o bwys fel 'Black Girls Don't Swim'.

Pwnc agos at ei chalon: Pam bod llai o blant du ac Asiaidd yn dysgu nofio na phlant gwyn?

Sylwodd Seren mai dim ond plant gwyn oedd yn y rasys nofio. Dyma'r rhesymau pam, yn ôl Seren:

- Dim digon o arwyr Du yn y byd nofio.
- Mae'n ddrud!
- Mae clorin yn difetha'r gwallt, ac mae gwallt yn rhan o **hunaniaeth** menywod Du.
- Mae cap nofio pwrpasol – Soul Cap – ar gyfer nofwyr Du, ond doedd nofwyr Gemau Tokyo 2020 ddim yn cael eu gwisgo.
- Rhai menywod o gefndiroedd Asiaidd neu Fwslemaidd ddim yn teimlo'n gyfforddus yn dangos cymaint o'r corff.

GEIRFA

Hunaniaeth: Y teimlad o berthyn. Beth sy'n gwneud 'ni' yn 'ni'.

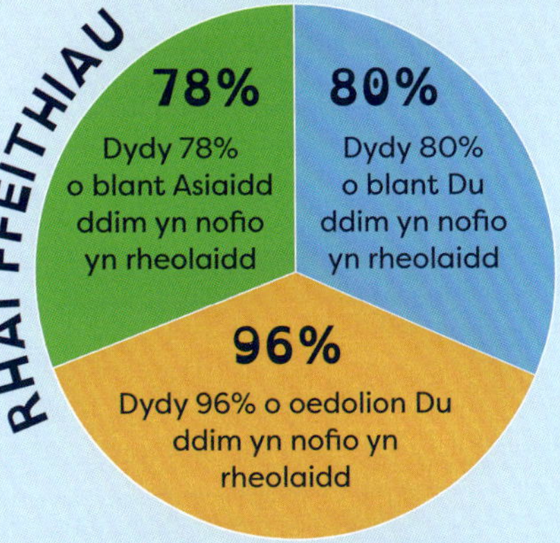

Ydych chi'n barod am sioc arall? Dyma ffeithiau am faint o blant sy'n boddi:

Ym mhob miliwn mae ...

Plant **Gwyn**	**1.87**
Plant **Asiaidd**	**2.86**
Plant **Du**	**7.50**

... yn boddi

Mae Seren ac eraill am newid pethau.

Sefydlu'r BSA

Helpodd Seren i sefydlu cymdeithas y Black Swimming Association yn 2020. Mae cangen yng Nghymru.

Un arall a helpodd oedd Alice Dearing – un o'r tîm Olympaidd yn Tokyo 2020, a'r nofiwr Du cyntaf o Brydain yn y Gemau Olympaidd. "Ddylai hi ddim fod wedi cymryd mor hir â hyn," meddai Alice.

'Doedd y sgyrsiau agored sydd yn y cyfryngau am be sy'n atal pobl ddu rhag nofio, er enghraifft, teimlade personol a rhesyme sefydliadol ddim yn digwydd ychydig flynyddoedd yn ôl. Mae gwelliant, ond mae gymaint o waith i'w neud, cam wrth gam.'

Seren yn siarad ar ei phodlediad.

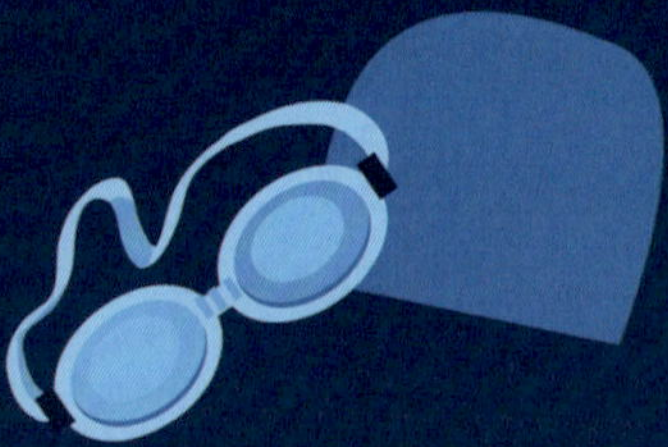

Medi Harris

Geni: Porthmadog, 2002.

Dull o nofio: Y dull cefn a'r dull rhydd.

Llwyddiant: Medal efydd, Gemau'r Gymanwlad, 2022; medalau aur, Pencampwriaethau Dŵr Ewrop, 2022; medal arian yn y Gemau Olympaidd yn 2024.

Rhaid i Medi ymarfer yn aml. Mae'n teithio i Birmingham i gael hyfforddiant.

Mae hon yn un i'w gwylio yn y dyfodol!

Menywod Cymru
BEICIO

Bydd hanes merched a beicio yn eich synnu! Mae hen feiciau yn ddiddorol a rhyfedd.

Beic Macmillan (tua 1840)

- Edrychwch – dim pedalau!
- Roedd yn cael ei yrru drwy siglo'r coesau yn ôl ac ymlaen.

Beic Peni-Ffardding (1870au)

- Darn arian mawr oedd y 'peni' (sef ceiniog), a darn arian bach oedd y ffardding – a dyna oedd siâp y ddwy olwyn.
- Roedd y beic yn ddigon cyflym i'w rasio yn erbyn ceffylau! Ond doedd hwn ddim yn edrych yn gyfforddus o gwbl ...

Beic Rover (1885)

- Mae'r beic Rover yn y llun (1885) yn edrych yn fwy tebyg i'n beiciau ni heddiw. Dyma pryd ddechreuodd menywod fynd ar gefn beic. Roedd gwynt yn y teiars – diolch byth!

- Erbyn 1895, yng Nghasnewydd, sir Fynwy, roedd y Clwb Seiclo Menywod cyntaf wedi'i sefydlu yng Nghymru ac roedd 50 o aelodau yn y clwb.
- Ond roedd problemau o hyd. Roedd wyneb y ffyrdd yn arw ac roedd damweiniau yn digwydd.
- Doedd rhai dynion ddim yn hoffi gweld menywod yn beicio ac roedden nhw'n ymosod arnyn nhw. Allwch chi gredu'r fath beth?

Ar ôl 1947 roedd menywod yn cael cystadlu mewn cystadlaethau beicio ym Mhrydain. Erbyn heddiw, mae nifer o fenywod Cymru wedi dod yn feicwyr o fri. Dyma rai:

Nicole Cook

Plentyndod:
Y Wig, Morgannwg.

Ffeithiau arbennig:

- Syrthiodd oddi ar ei beic pan oedd yn 7 oed, a chracio ei phenglog.
- Athro oedd tad Nicole. Byddai'r ddau yn rasio yn erbyn ei gilydd i'r ysgol ac yn ôl bob dydd.
- 16 oed – cystadlu yn erbyn y menywod ym Mhencampwriaeth Beicio Ffordd Prydain, ac ennill!
- Ennill y Tour de France i fenywod ddwywaith – y gyntaf o Gymru i gyflawni'r gamp.

Ras Ffordd Gemau Olympaidd Beijing 2008

- Ras ffordd 136km o hyd. Er y glaw trwm a'r llifogydd, enillodd Nicole y fedal aur.
- Enillodd Nicole wobr Perfformiad Eithriadol y Flwyddyn, 2008. Hi hefyd oedd Athletwr Benywaidd y Flwyddyn 2008. Am flwyddyn!
- Wrth ennill y fedal aur, roedd hi'n creu hanes. Hon oedd y fedal aur Olympaidd unigol gyntaf i'w hennill gan Gymraes.

BRWYDRO DROS FERCHED!
Llwyddodd Nicole i berswadio Beicio Prydain i gynnal cystadlaethau trac dan 16 oed i ferched.
Amdani, Nicole!

Elinor Barker

Beiciwr o Gaerdydd yw Elinor Barker. Yn lle adolygu ar gyfer arholiadau, cafodd ganiatâd ei phrifathro yn Ysgol Uwchradd Llanisien i fynd i gystadlu ym Mhencampwriaethau Ffyrdd y Byd yn yr Iseldiroedd! Daeth yn ôl gyda medal aur a chodwyd posteri ohoni ar waliau drwy'r ysgol!

Pwy yw'r Gymraes gyda'r nifer mwyaf o fedalau yn y Gemau Olympaidd?

Elinor Barker, wrth gwrs!

LLWYDDIANT

2012 Pencampwr Menywod y Byd ac Ewropeaidd, a dal record byd

2013 Pencampwr Menywod Byd

2016 Medal aur mewn tîm o 4

2020 Medal arian mewn tîm o 4

2024 Medal arian yn y ras i 2 a medal efydd mewn tîm o 4

Problemau iechyd

- Cafodd Elinor broblemau iechyd – bron iddi roi'r gorau i'r gamp.
- Ond cafodd lawdriniaeth a oedd yn teimlo 'fel tynnu siaced haearn oddi ar ei chorff'.
- Enillodd medal arian yn Tokyo 2020, ac ers hynny mae wedi cael mab (Nico) ac mae'n dal i gystadlu dros y byd!

Zoë Bäckstedt

Menyw arall sy'n wych ar y beic yw Zoë Bäckstedt o Bontyclun.

Mae hi'n 20 oed ac yn rhan o dîm Rasys Mawr y Byd. Enillodd hi gymal o Daith Beicio Menywod Simas yn 2024.

Cofiwch yr enw!

Emma Finucane

A beiciwr arall sy'n torri tir newydd yw Emma Finucane o Gaerfyrddin.

Ffeithiau arbennig:

- Y Gymraes gyntaf i ennill 3 medal yn y Gemau Olympaidd.
- Y fenyw gyntaf i ennill Personoliaeth Chwaraeon y Flwyddyn Cymru yn 2023 a 2024. Rhaid ei bod hi'n teimlo mor falch!
- Y drydedd erioed i ennill y teitl fwy nag unwaith.

Menywod Cymru
GEMAU RHWYD a PHÊL

Tennis, hoci, snwcer, pêl-rwyd ... Mae nifer o chwaraeon sy'n cynnwys rhwyd a phêl, a menywod yn gwneud eu marc ynddyn nhw i gyd.

Roedd rhai ysgolion arbennig i ferched yn cyflwyno nifer o'r chwaraeon hyn fel pwnc.

Rhai o fanteision yr ysgolion hyn oedd:

- menywod yn athrawon ymarfer corff
- caeau chwarae cyfleus a chyrtiau tennis
- amser ar ôl gwersi gan fod y merched yn aros yn yr ysgol

Rosamund Victoria Colman (1885–1950)

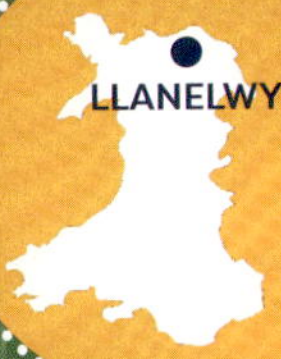

Plentyndod:
Stad Bach-y-graig, Llanelwy.

Camp: Tennis.

Llwyddiant:

- Cystadlu yn Wimbeldon ddwy waith yn 1910 a 1911
- Pencampwriaeth Riviera'r Eidal (3 gwaith)
- Pencampwriaeth Dwyrain yr Almaen (2 waith)
- Pencampwriaeth Monte Carlo (2 waith)
- Pencampwriaeth Riviera Ffrainc (2 waith)

Agnes Morris (1920–2011)

(Agnes Davies ar ôl priodi)

Tad Agnes oedd perchennog y neuadd snwcer – handi iawn. Byddai Agnes yn cael digon o gyfle i chwarae, er bod rhai clybiau snwcer yn gwahardd menywod bryd hynny.

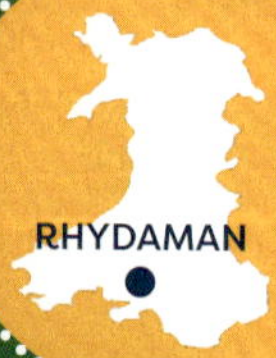

Plentyndod: Saron, ger Rhydaman.

Camp: Snwcer a Biliards.

Llwyddiant:

- Pencampwraig Snwcer Menywod Cymru 1937–1939.
- Pencampwr Billiards Menywod Cymru, 1939.
- Ennill teitl proffesiynol snwcer menywod Prydain, 1949.
- Chwarae snwcer am 64 o flynyddoedd. Waw!

Audrey Bates (1922–2001)

Plentyndod: Caerdydd.

Addysg: Ysgol Howell's, Llandaf.

Llwyddiant:

- Chwaraeodd lacrós a hoci dros Gymru
- Pencampwr Cymru ar y cwrt sboncen rhwng 1947–65.
- Arwain Cymru ddwywaith ac ennill yn America yn y 1950au.
- Cystadlu yn y senglau a'r dyblau yn Wimbledon.
- Aelod o dîm tennis lawnt Cymru 1947–1954.
- Medal efydd tennis bwrdd, Pencampwriaeth Byd, 1951.

Ysgol Howell's Llandaf, 1900au. Edrychwch ar y dillad!

Kelly Morgan

(Kelly Aston ar ôl priodi)

Plentyndod: Geni 1975 – Pontypridd.

Camp: Badminton.

Llwyddiant:

- Chwarae i Glwb Lille, Ffrainc, am ddwy flynedd.
- Chwarae yng nghyngrair Denmarc am ddwy flynedd.
- Pencampwriaeth Badminton Cymru: ennill Senglau'r Menywod 1992–2004; ennill 6 pencampwriaeth dyblau'r merched a 4 pencampwriaeth dyblau cymysg.
- Yn y tîm Olympaidd yn Atlanta 1996, Sydney 2000 ac Athens 2004.
- Ennill medal aur yn senglau'r merched, Gemau'r Gymanwlad yn Kuala Lumpur 1998.
- Rhif 5 yn rhestr chwaraewyr badminton gorau'r byd. Am glod!
- Ennill teitl 'Menyw Gymreig y Flwyddyn' 1999.
- Ei derbyn i Oriel Anfarwolion Chwaraeon Cymru yn 2018.

Yn 2009 symudodd hi a'i theulu i Dubai ac o 2011 ymlaen, roedd yn athrawes Cyfnod Sylfaen.

> "Rwy'n angerddol am y Blynyddoedd Cynnar ac yn ymdrechu i sicrhau bod pob plentyn yn cyrraedd ei lawn botensial. Rwy'n ceisio creu byd diogel a chyffrous, un sy'n hwyliog ac yn heriol yn fy nosbarth."

Mae hi hefyd wedi chwarae rhan fawr mewn gwaith elusennol, yn enwedig yn ymwneud â Syndrom Down. Hi oedd noddwr Cymdeithas Syndrom Down Cymru.

Leah Wilkinson

Plentyndod: Geni 1986 – Burton-on-Trent (ond roedd Mam yn Gymraes).

Camp: Hoci.

Llwyddiant:

- Cwpan Ewrop dan 18 oed yn Prague – aelod o dîm Cymru.
- Aelod o dîm Cymru dan 21 oed.
- Aelod o dîm hoci Cymru ers 2004.
- Enillodd 204 o gapiau rhyngwladol. 204? Anhygoel! Dyma'r nifer mwyaf o gapiau yn hanes chwaraeon Cymru.
- Ennill medal efydd, Gemau Olympaidd Tokyo 2020.
- Hoci yw camp Leah, ac un o Gymru oedd ei mam.

Oedran Leah pan gydiodd mewn ffon hoci am y tro cyntaf: 5 oed.

"Dwi'n falch o chwarae dros Gymru ..." meddai Leah. Ry'n ni'n falch hefyd, Leah!

- Hi yw'r mabolgampwr sydd wedi cael y nifer uchaf o gapiau yn hanes chwaraeon Cymru.
- Bu'n anlwcus i fethu cyfle i ymuno â'r garfan oedd yn mynd i chwarae yn y Gemau Olympaidd yn 2016. Yna cafodd ei dewis ar gyfer Tokyo 2020 – a daeth oddi yno gyda Medal Efydd!

Marilyn Morgan

(Marilyn Pugh ar ôl priodi)

Plentyndod: Brynaman.

Camp: Hoci.

Llun cyntaf ohoni: Tua dwy oed, slipars am ei thraed a raced tennis yn ei llaw!

Chwaraeon y teulu: Ei mam yn athletwraig yn neidio'r clwydi, ond rygbi oedd popeth ymysg bechgyn y teulu – eisiau mynd i chwarae rygbi gyda'r bois ar y comin, dyna'r oll roedd Marilyn eisiau ei wneud. Roedd chwaraeon yn y gwaed!

Llwyddiant:

- Y ferch ieuengaf yn nhîm hoci Cymru ar daith lwyddiannus i Jamaica, Barbados a Trinidad yn 1973 – yn 18 oed.
- Teithio gyda'r tîm i'r Iseldiroedd, Canada, yr Almaen, UDA a'r Ariannin.
- Dod yn ail yng Nghwpan y Byd, 1975.
- Cael ei dewis i'r tîm Olympaidd.
- Ennill dros 90 cap dros Gymru.
- Enw cae hoci newydd Ysgol Gymraeg Ystalyfera yw 'Maes Marilyn Pugh' – buodd Marilyn yn ddisgybl ac yn athrawes yn yr ysgol. Am fraint!

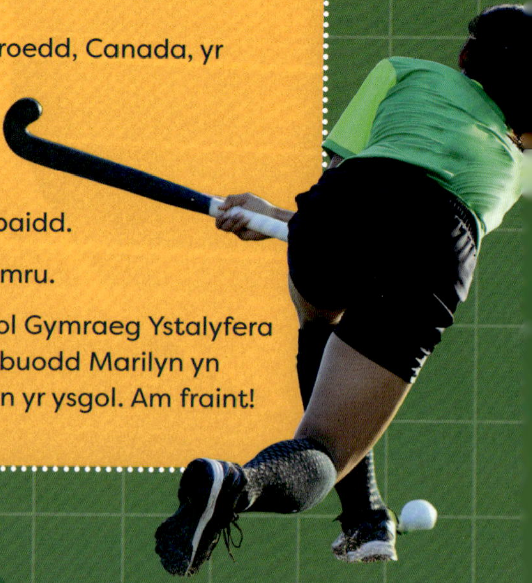

- Yn ysgol Ystalyfera dechreuodd gael hyfforddiant hoci gan ei hathrawon, Megan Awbrey a Susan Bowen.
- Roedd hi'n caru'r gêm yn syth; aeth i weld tîm hoci Cymru yn Llanelli a meddwl, 'O dwlen i whare dros Gymru'.
- 18 oed: yr ieuengaf yng ngharfan hoci Cymru ar daith lwyddiannus i Jamaica, Barbados a Trinidad.
- Ond roedd adnoddau yn brin, a Marilyn druan yn gorfod talu am logi cae i ymarfer a chostau teithio i gystadlu!

Cae hoci newydd Ysgol Gymraeg Ystalyfera – 'Maes Marilyn Pugh'

Suzy Drane

Cael y bêl i'r rhwyd mewn camp wahanol eto oedd dawn Suzy; sef pêl-rwyd.

Plentyndod:
Geni yn Llanelwy, addysg yn Ysgol Rydal Penrhos, Bae Colwyn.

Coleg:
Athrofa Prifysgol Cymru Caerdydd (sef Prifysgol Metropolitan Caerdydd erbyn hyn).

Chwarae pêl-rwyd:
Ymunodd gyda chlwb y Dreigiau Celtaidd lle bu'n chwaraewr ac yn gapten am 14 blynedd cyn symud i glwb Bath Toucans yn 2019. Ymddeolodd yn 2022.

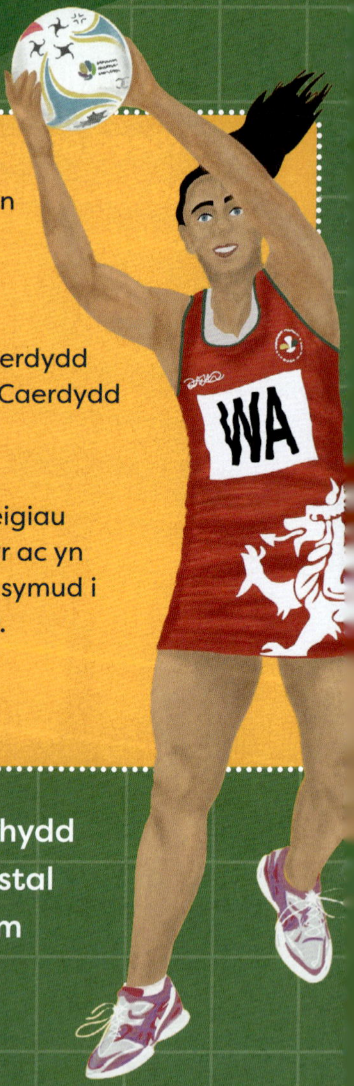

Erbyn hyn mae Suzy Drane yn ddarlithydd ym Mhrifysgol Met Caerdydd. Yn ogystal â darlithio, mae hefyd yn hyfforddi tîm pêl-rwyd y brifysgol.

"Yn fy swydd fel darlithydd yn Met Caerdydd, rwy'n cael cyfle i wneud gwaith ymchwil. Mae gen i ddiddordeb mewn gweld sut mae chwaraeon yn effeithio ar iechyd a lles pobl."

- Chwarae dros Gymru o 2005 hyd 2022.
- Bu'n cynrychioli ei gwlad 125 o weithiau – hi yw'r chwaraewr pêl-rwyd gyda'r mwyaf o gapiau erioed dros Gymru
- Bu'n gapten neu'n gyd-gapten carfan Cymru o 2010-2022, gan lwyddo i helpu Cymru i gyrraedd Cwpan y Byd bum gwaith allan o bump!

Pêl-rwyd Cymru

Sefydlwyd Pêl-rwyd Cymru, sef y corff sy'n rheoli'r gêm yng Nghymru, yn 1945. Mae pencadlys y corff yng Ngerddi Soffia, Caerdydd.

Yn ymgyrch 2024/25 daeth Cymru yn chweched – trwy'r byd i gyd!

Cofiwch ddilyn Cymru yng ngemau Cwpan Pêl-rwyd y Byd yn 2027!

Faith Walker

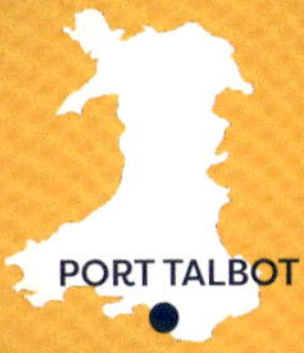

Plentyndod:

Mae rhieni Faith yn Affricanaidd Caribïaidd o Jamaica. Cafon nhw eu gwahodd i'r DU yn y 1960au, gan setlo ym Mhort Talbot.

Llwyddiant:

- Chwarae pêl-rwyd dros Gymru am 5 mlynedd.
- Helpu cynhyrchu ffilm yn dathlu bywydau'r bobl o Jamaica a ddaeth i fyw i Bort Talbot yn yr 1950au a'r 1960au. Dyma deitl gwych ar ffilm: *Just ah likkle piece of Jamaica inna Port Talbot.*
- Un o sylfaenwyr mudiad Women Stepping Out sy'n helpu i ddatblygu a hyfforddi plant, pobl ifanc, teuluoedd a chymunedau i wynebu sialensau cyffredin bywyd.

Menywod Cymru
PARA-ATHLETAU

Creu cyfleoedd i bobl sy'n byw gyda anabledd yw diben y Mudiad Para-Athletau.

Mae'r stori yn dechrau ar ddiwedd yr Ail Ryfel Byd pan oedd llawer o bobl yn dychwelyd o'r brwydro gydag anafiadau erchyll.

Pwy oedd Ludwig Guttmann?

- Doctor Iddewig oedd wedi ffoi rhag y Natsïaid oedd Ludwig Guttmann.
- Agorodd ysbyty i drin cleifion oedd wedi'u parlysu.

Dyma oedd nod Ludwig Guttmann ar gyfer ei gleifion:

- gwella ffitrwydd
- adfer hunanhyder
- cadw urddas personol

- Ludwig Guttmann gyflwynodd chwaraeon cystadleuol ar gyfer pobl mewn cadair olwyn am y tro cyntaf.
- Cystadleuaeth saethyddiaeth oedd hon ac roedd 16 o filwyr oedd wedi eu brifo neu gael anaf yn cymryd rhan.
- Cynhaliodd Dr Guttmann ddiwrnod chwaraeon bob blwyddyn ar ôl hynny.

Gemau Paralympaidd

- Y Gemau Paralympaidd cyntaf – Rhufain, 1960.
- Roedd 8 camp a 400 o athletwyr o 23 gwlad.
- Mae'n digwydd bob 4 blynedd ers 1960.
- Gemau Paralympaidd y Gaeaf – y cyntaf yn Sweden, 1976.

GEIRFA

Para-athletau: Gair Groeg ydy 'para' yn golygu 'ochr yn ochr' – mae'r chwaraeon para yn digwydd ar y cyd â'r chwaraeon eraill.

Tanni Grey-Thompson

Enw: Carys Davinia Grey. Roedd ei chwaer wedi ei galw'n 'tanni' (tiny) am ei bod yn fabi bach iawn. Cydiodd yr enw!

Ffaith:

- Mae Tanni yn defnyddio cadair olwyn ers ei bod yn blentyn am fod y cyflwr spina bifida arni. Dyw hyn ddim wedi'i rhwystro o gwbl ac mae wedi dod i'r brig dro ar ôl tro.

Dechrau cystadlu:

- Rasiodd Tanni am y tro cyntaf dros Gymru yn y Pencampwriaethau Iau Cenedlaethol yn 15 oed yn 1984.

Medal Baralympaidd gyntaf:

- 1988; medal efydd yn y 400m yn y Gemau Paralympaidd yn Seoul.

"Oni bai am fy anabledd, nid fi fyddai'r person ydw i heddiw."

Mwy o lwyddiant!

Mae Tanni wedi ennill Personoliaeth Chwaraeon y Flwyddyn Cymru yn fwy na'r un mabolgampwr arall o Gymru erioed.

Enw Tanni oedd ar y brig yn: 1992, 2000, 2004

LLWYDDIANT:

Barcelona 1992	4 medal aur Torri record byd – 100m a'r 400m
Atlanta 1996	Medal aur – 800m 3 medal arian
Sydney 2000	Medal aur – 800m Llwyddiant – 100m, 200m a'r 400m
Athen 2004	Dwy fuddugoliaeth – 100m a'r 400m

16
Medal

11
Medal Aur

30
Torri record Byd

6
Ennill Marathon Llundain

Olivia Breen

Plentyndod: Guildford yn Lloegr.

Camp: Athletwraig.

Ei mam: Cymraes.

Ffaith:

- Mae Olivia yn byw gyda chyflwr parlys yr ymennydd ers ei bod yn 2 oed. Mae hefyd yn drwm ei chlyw, ac mae ganddi rai anawsterau dysgu. Er hyn, mae'n fenyw dalentog a llwyddiannus. Does dim yn ei rhwystro!

Gwaith elusennol:

- Oddi ar y trac, mae Olivia yn ymwneud gyda rhai elusennau plant.

> "Fe wnaeth y cyflwr fy nysgu sut i fod yn annibynnol a sut i beidio â dibynnu ar fy rhieni."

LLWYDDIANT:

2015 a 2016	Pencampwriaethau Byd yr IPC: Medal aur a chreu record byd newydd yn y ras gyfnewid – ddwy flynedd yn olynol!
2017	Pencampwriaethau Byd yr IPC yn Llundain: Medal aur yn y naid hir ar ôl ei naid orau erioed (4.86m).
2018	Cynrychioli Cymru yn Chwaraeon y Gymanwlad: Medal aur yn y naid hir a chael record byd; yna efydd yn y ras 100m.
2022	Chwaraeon y Gymanwlad yn Birmingham: Medal aur yn y ras 100m.
2022	Ennill Personoliaeth Chwaraeon BBC Cymru.

Delio gyda siom

Yn y naid hir yn Gemau Olympaidd Paris 2024, roedd Olivia ar y blaen am gyfnod yn y rownd gyntaf gyda naid o 4.99m.

Ond daeth Luca Ekler o Hwngari a neidio 5.56m. Hi gafodd y fedal aur. Aeth Olivia i'r pedwerydd safle.

Mor agos, mor bell. Roedd ei siom yn amlwg.

"Ond dyna realiti'r naid hir," meddai Olivia. "Does dim allwch chi ei wneud ond gobeithio'r gorau."

FFAITH

Mae hyd un gitâr yn 1 metr. Felly neidiodd Olivia hyd 5 gitâr, fwy neu lai. Waw!

Jodie Grinham

Plentyndod: Hwlffordd.

Camp: Para-saethyddiaeth.

Ffaith:

- Mae Jodie yn saethwraig heb ei hail, er ei bod yn byw gyda chyflwr o'r enw brachysyndactyly.

Effaith y cyflwr:

- Mae braich chwith Jodie yn fyrrach na'i braich dde.
- Nid yw'r ysgwydd chwith wedi datblygu'n llawn.
- Does gan Jodie ddim bysedd, dim ond hanner bawd, ar ei llaw dde.

Ffaith arbennig:

Symon, ei thad, wnaeth addasu'r bwa fel bod Jodie yn medru cystadlu!

O fewn 8 mlynedd o gystadlu roedd Jodie yn y tîm oedd yn cystadlu yn y Gemau Paralympaidd yn Rio yn 2016. Dechreuodd ddod â medalau adref yn syth!

LLWYDDIANT:

2016	Gemau Paralympaidd yn Rio: Medal arian Tîm Cymysg Agored.
2023–24	Pencampwriaethau Ewrop: 2 x Efydd, 1 x Arian ac 1 x Aur
2024	Pencampwriaethau Byd: Medal aur

Saethyddiaeth a beichiogrwydd

Pan ddaeth Jodie yn feichiog, roedd hyn yn bryder oherwydd y cyflwr oedd arni, ond roedd popeth yn iawn a'r babi'n iach. Cariodd ymlaen gyda'r saethyddiaeth trwy ei beichiogrwydd.

Er mwyn saethu gyda bwa, rhaid i'r saethwr beichiog:

- ganolbwyntio yn llwyr, a bod yn hollol lonydd.
- gwisgo esgidiau fflat er mwyn sefyll yn stond heb siglo.
- gwisgo'r gawell saethau yn isel iawn o dan ei chanol, oherwydd y chwydd yn ei bol.
- addasu'r ffordd roedd yn dal ac yn codi'r bwa.

Erbyn Gemau Paris 2024, enillodd y fedal efydd. Dyma'r tro cyntaf i fenyw oedd yn disgwyl babi, a hynny'n amlwg iawn, ennill medal Baralympaidd.

Aeth ymlaen i greu hanes pellach. Enillodd hi a'i phartner y fedal aur yn y dyblau cymysg. Roedd menyw oedd yn disgwyl babi wedi ennill aur Paralympaidd am y tro cyntaf.

Delio gyda'r cicio

Yn ôl Jodie, roedd y babi wedi cicio a symud drwy gydol y Gemau – fel petai'r babi eisiau dangos ei fod yno a'i fod yn ei chefnogi.

Roedd hi'n poeni byddai'r babi'n symud pan oedd hi ar fin saethu! Ond roedd hi wedi paratoi at hyn ac wedi ei hyfforddi er mwyn dod i arfer ag unrhyw symudiad, rhag ofn!

Roedd hi'n benderfynol o brofi bod modd cystadlu er ei bod hi'n disgwyl babi.

Menyw ddewr yn wir!

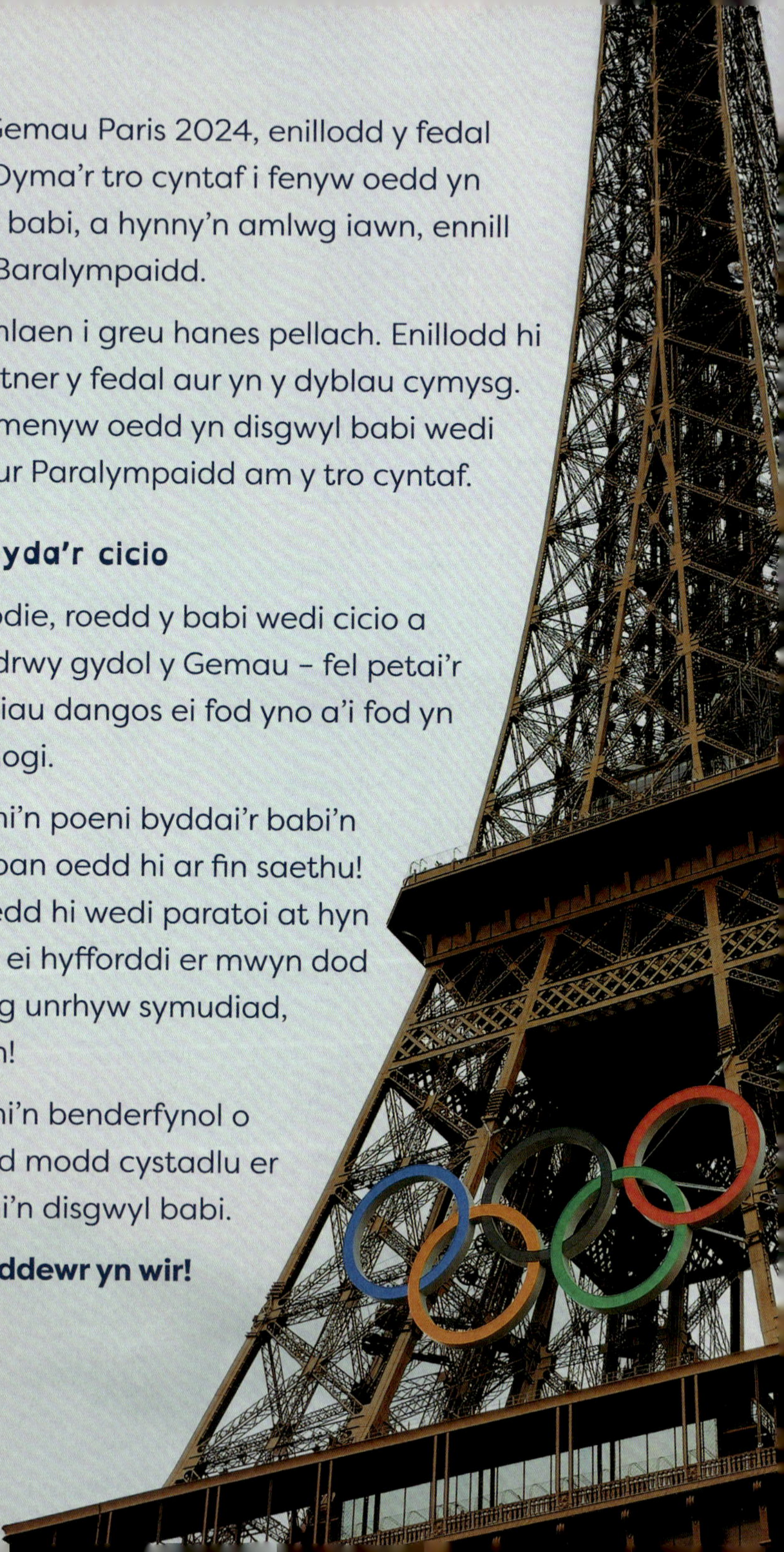

Sabrina Fortune

Plentyndod: Bryn-y-Baal ger yr Wyddgrug.

Camp: Taflu pwysau.

Ffaith:

- Mae'n anodd i Sabrina gyfathrebu ar lafar oherwydd cyflwr dyspracsia lleferydd.

Mwy am Sabrina:

- Ymunodd â Chlwb Athletau Glannau Dyfrdwy. Dyma oedd cychwyn taith Sabrina.
- Cafodd y clwb arian o wahanol lefydd, gan gynnwys y Loteri Genedlaethol. Roedd hyn yn helpu teuluoedd lleol i fedru ffroddio ymuno â'r clwb.

Menywod Cymru
GOLFF, CRICED a GEMAU'R GAEAF

Hanes Golff

- Mae dipyn o ddadlau o ble y daeth y gêm hon – o'r Alban meddai rhai. O Fflandyrs, sy'n rhan o'r Iseldiroedd, yn ôl rhai eraill. Does neb yn gwybod yn bendant.
- Roedd Mary, Brenhines yr Alban (1542–1587), yn un o'r menywod cyntaf i chwarae golff!
- Yn ystod ei theyrnasiad adeiladwyd cwrs golff enwog St Andrews Links.

Golygfa o lyfr golff o Brugge (Bruges), Fflandrys, tua 1540

Rhaid oedd aros am dair canrif arall cyn bod menywod Cymru yn cael yr hawl i chwarae'r gêm.

1895 **Ffurfio Undeb Golff Cymru (yr ail hynaf yn y byd ar ôl Iwerddon)**

1904 **Ffurfio Undeb Golff Menywod Cymru**

- Ond roedd rheolau caeth gan ambell glwb os oedd merched am chwarae golff. Doedd dim rheolau tebyg i'r dynion!
- Wyddoch chi fod rhaid i fenywod wisgo sgertiau i chwarae golff? Doedden nhw ddim yn cael gwisgo trowsus. Mae'n anodd credu hyn!
- Doedden nhw ddim chwaith yn cael taro'r bêl yn bellach na 70 neu 80 llathen.

Becky Brewerton

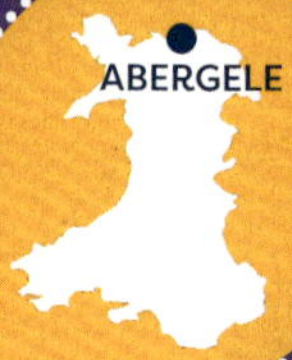

Plentyndod: Abergele.

Ffaith:

- Stopiodd tad Becky smocio er mwyn arbed arian (ac er mwyn peidio cael llond y tŷ o fwg. Ych a fi!).
- Gyda'r arian sbâr prynodd set o glybiau golff. Er mwyn bod yn gwmni i'w gilydd, roedd Becky yn 'cadi' i'w thad – hi oedd yn helpu i gario'r clybiau a'r bagiau.
- Yn 14 oed, roedd wedi cael gafael ar y gêm.
- Hi oedd yr unig ferch yn y grŵp.
- Roedd cystadlu yn erbyn y bechgyn yn hwb iddi weithio'n galetach.

"I mi, mae golff yn dysgu sgiliau bywyd mor wych i chi.

I blant mae hyn mor bwysig. Wrth fod mewn clwb golff, mae eich sgiliau cymdeithasol yn cael eu datblygu ac mae'n rhoi cymaint o hyder i chi ryngweithio ag eraill.

Dyma'r gamp orau ar gyfer adeiladu cymeriad."

LLWYDDIANT:

Mae gan Becky record arbennig fel amatur yn y gêm:

- Pencampwr Merched Cymru 1997, 1998, 1999 a 2001!
- Pencampwr chwarae strôc amatur Agored Menywod Prydain 1999 a 2002.
- Pencampwr Agored Menywod Ewrop 2002.
- Chwaraewr Cwpan Curtis 2000.
- Tlws Vagliano 2001 a 2003.
- Pencampwriaeth Tîm y Byd 2002.

Yn 2003, trodd y chwaraewr golff proffeslynol:

- Aelod o dîm Cwpan Solheim Ewrop yn 2007 a 2009.
- Pencampwr Menywod Agored Sbaen yn 2009.
- Chwarae dros Gymru yng Nghwpan Golff y Byd i Fenywod yn 2005, 2006, 2007, 2008, gan ddod yn drydydd yn yr ornest yn 2006.

Hanes Criced

- Mae menywod yn chwarae criced ers dros 200 mlynedd.
- Mae Criced Cymru yn cynnig cyfleoedd i ferched a menywod mewn tri rhanbarth yn y wlad (Eryri, y Canolbarth a'r Gogledd-ddwyrain).
- Maen nhw'n trefnu rhaglen o weithgareddau o bob math ar gyfer cricedwyr o bump oed ac yn hŷn.

Llun o ferched yn chwarae criced 1779. Dychmygwch orfod chwarae mewn ffrog a boned!

Tîm Criced Menywod Cymru

- Fel y mae'n arfer ymysg y dynion, mae menywod Criced Cymru yn chwarae criced rhyngwladol gyda thîm criced 'Lloegr a Chymru'.

Ffaith:

- Pencampwriaeth Ewrop, 2005. Gwnaeth tîm criced menywod Cymru ddod yn drydydd yn y twrnament.
- Roedd hwn wedi'i gynnal yng Nghymru!

Lynne Thomas

Y Gymraes enwocaf yn y byd criced.

Ganwyd: Llanelli, 1939.

Cyfraniad i'r tîm: Batiwr a bowliwr.

Gemau prawf: 10.

Gemau Rhyngwladol Undydd: 12.

Capten: XI Rhyngwladol, Cwpan y Byd 1982.

- Lynne oedd y fenyw gyntaf i sgorio dros 100 rhediad mewn gêm ryngwladol undydd (Cwpan y Byd 1973).
- Roedd hefyd yn chwarae hoci dros Gymru.
- Chwaraeodd hoci mewn 4 Cwpan y Byd.
- Hi hefyd oedd athrawes ymarfer corff Ysgol Ramadeg y Merched, Castell-nedd.

Gemau'r Gaeaf

- Cynhaliwyd Gemau Olympaidd y Gaeaf 1924 yn Chamonix, Ffrainc a dyma'r tro cyntaf yr oedd menywod yn cael cystadlu.
- Roedd 250 o athletwyr yn cymryd rhan y flwyddyn honno.
- A faint ohonyn nhw oedd yn ferched? Dim ond 11. Anodd credu!
- Dim ond mewn un gystadleuaeth roedden nhw'n cael cystadlu – y sglefrio ffigyrau oedd hynny.

Stadiwm Olympaidd Chamonix yng Ngemau Olympaidd 1924 (Llun: Wikimedia Commons)

Mollie Phillips (1907–1993)

Camp: Sglefrio ar iâ.

Plentyndod: Llundain, i deulu o dde-orllewin Cymru a threuliodd lawer o'i hamser ym Mhencarreg.

Ffaith ddiddorol:

- Hi oedd y fenyw gyntaf o Brydain i fod ar banel beirniadu rhyngwladol yr Undeb Sglefrio Rhyngwladol ac i feirniadu yng Ngemau Olympaidd y Gaeaf (St Moritz, 1948).

- Roedd yn un o 4 menyw yn y tîm Olympaidd oedd yn cystadlu yng Ngemau Olympaidd y Gaeaf yn Efrog Newydd yn 1932.
- Hi oedd y fenyw gyntaf i gario baner Olympaidd mewn seremoni agoriadol erioed.
- Gyda'i phartner sglefrio, enillodd Bencampwriaeth Prydain a medal efydd ym Mhencampwriaethau Ewrop yn 1933.

Mica Moore

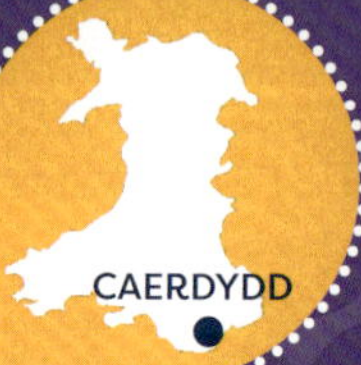

Plentyndod: Caerdydd.

Camp: Bobsled.

Athletwr ar y trac:

- Yn 15 oed, roedd Mica wedi gwneud pob math o chwaraeon, o reidio ceffyl i hoci; yna arbenigodd ar redeg.

Tîm Cymru ras gyfnewid:

- Yn 2014, roedd Mica yn rhan o'r tîm wnaeth gyrraedd ras derfynol Gemau'r Gymanwlad yn Glasgow.
- Torrodd y tîm y record genedlaethol bryd hynny.

Bobsled:

- Ym mis Tachwedd 2016, penderfynodd Mica ymuno â thîm bobsled. Roedd y peilot yn rhannu'r un enw cyntaf â hi – Mica McNeill.

O fewn ychydig o wythnosau, roedd y pâr yn ennill y wobr gyntaf ym Mhencampwriaethau Iau y byd yn Winterberg yn yr Almaen.

Aeth Mica a'i phartner ymlaen i ennill tair medal arall.

Yn 2018 daeth y ddwy yn 8fed yn y ras bobsled yng Ngemau Olympaidd y Gaeaf.

Menywod Cymru
CAMPAU CRYFDER a CHALEDWCH

Darlun o Olympia yn hen wlad Groeg (Llun: Wikimedia Commons)

- Dechreuodd y Gemau Olympaidd yn Olympia yn hen wlad Groeg.
- Roedd bocsio a reslo yn rhai o'r campau gwreiddiol ac roedd y Groegiaid o ddifri am eu campau!

Bydden nhw wrth eu boddau gyda rhai o'r menywod hyn ...

Non Evans

Plentyndod: Pontarddulais.

Ffeithiau difyr:

3 Oed: Roedd yn tynnu ei chwaer o gwmpas yr ardd ar ei beic tair olwyn gyda rhaff gan weiddi “Fi moyn mysyls!”

10 Oed: Ymunodd â’r clybiau jiwdo ac acrobatics lleol.

16 Oed: Daeth yn Bencampwr Jiwdo Cymru a hi oedd yr ieuengaf erioed i gystadlu ym Mhencampwriaeth Jiwdo’r Gymanwlad; enillodd fedal arian yn 1992 ac eto yn 1996.

Tacl nerthol Non Evans yn erbyn chwaraewr o Awstralia yn 2010 (Llun: Steve, Wikimedia Commons)

- Dechreuodd chwarae rygbi pan aeth i Brifysgol Caerdydd. Roedd hi yn safle’r cefnwr gan ymarfer ei sgiliau yn galed.
- Enillodd ei chap cyntaf dros Gymru yn 1996 gan helpu ei gwlad i drechu tîm Lloegr am y tro cyntaf. Cafodd 87 cap dros Gymru a sgoriodd 64 cais rhyngwladol.

Tair camp arall

- Cystadlodd Non ar jiwdo a chodi pwysau yng Ngemau'r Gymanwlad 2002 – hi oedd y person cyntaf erioed i gystadlu mewn dwy gamp wahanol yn yr un Gemau.
- Aeth ymlaen i gystadlu yn y reslo yng Ngemau'r Gymanwlad yn 2010 – gan dorri'r record o fod y ferch gyntaf i gystadlu mewn tair camp yng Ngemau'r Gymanwlad.
- Roedd Non ar y gyfres *Gladiators* yn 1997.
- Mae hefyd wedi bod yn sylwebydd chwaraeon ar raglenni S4C.

CYFNOD ANODD

Wedi llwyddo mewn pedair camp, dywedodd Non nad oedd yn gwybod pwy oedd hi ar ôl rhoi'r gorau i'w gyrfa chwaraeon.

Bu'n agored iawn wrth drafod pa mor anodd oedd hyn i gyd.

"Roedd gen i nod o fy mlaen drwy'r amser. Rhywbeth i anelu ato. Gêm neu bencampwriaeth neu gwpan. Yn sydyn, mae'n stopio. Dydych chi ddim yn gwybod beth i'w wneud â chi'ch hun."

Jade Jones

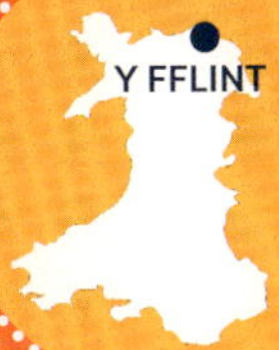

Plentyndod: Y Fflint

8 Oed: Cafodd ei dal gan ei thaid yn cambyhafio.

Beth nesaf?:

- Aeth Taid â hi i'r Ganolfan Hamdden leol er mwyn iddi 'gael rhywbeth i'w wneud yn lle ei bod hi'n cambyhafio ar y stryd'. Yno roedd poster a ddaliodd sylw Jade: 'Gwersi Taekwando'.
- Ar ôl dim ond un sesiwn ymarfer, roedd Jade yn caru'r grefft!
- Gadawodd ysgol yn 16 oed i ddilyn y gamp yn broffesiynol.

Uchafbwynt gyrfa:

- Dwy fedal aur Olympaidd. Llundain 2012 yn ddim ond 19 oed a'r ail yn Rio 2016.
- Mae Taid yn cadw'r medalau'n ddiogel!

Y Fflint yn gefn iddi o hyd

- Bob tro roedd hi mewn gornest fawr, byddai Clwb Cymdeithasol y Fflint yn llawn o'i chefnogwyr – a phawb yn gwylio ar y sgrin.
- Pan oedd angen arian iddi deithio i Mecsico i'r Gemau Olympaidd ar gyfer Pobl Ifanc, roedd criwiau lleol yn ei chefnogi.

Bocsio

- Yn ôl yn y gemau traddodiadol yn Olympia, roedd bocsio yn bwysig. Mae un fenyw o Gymru yn bencampwr byd yn y gamp!
- Mae menywod wedi cael eu rhwystro rhag cymryd rhan mewn gornestau bocsio tan yn ddiweddar. Anhygoel – sôn am hen ffasiwn!
- Dim ond ers Gemau Olympaidd 2012 mae menywod yn cael bocsio'n gystadleuol. Allwch chi gredu'r fath beth?!
- Gweld hynny wnaeth ysbrydoli Lauren Price.

Lauren Price

Plentyndod:
Ystrad Mynach; cael ei magu gan ei mam-gu a'i thad-cu.

Camp:
Sawl un; ond bocsio a phêl-droed oedd yr amlycaf.

LLWYDDIANT:

- Ennill medal arian fel cic-focsiwr yn y Pencampwriaethau Byd yn Athen yn 2007 yn 13 oed, gan gystadlu yn erbyn gwrthwynebwyr ddwywaith ei hoed.
- Aeth ymlaen i fod yn bencampwr byd pedair gwaith a phencampwr Ewropeaidd chwe gwaith yn y gamp.
- Enillodd Lauren sawl medal aur dros Gymru am focsio:

  2018 Chwaraeon y Gymanwlad

  2019 Pencampwriaeth Byd
- Aeth gam yn uwch yn Tokyo 2020 – hi yw'r cystadleuydd cyntaf o Gymru i ennill medal aur bocsio (69- 75kg) yn y Gemau Olympaidd.

- Wrth gartref ei mam-gu yn Ystrad Mynach, paentiwyd blwch ffôn yn aur i gydnabod ei llwyddiant yn y Gemau Olympaidd,
- Hi yw'r ferch gyntaf o Gymru i ennill pencampwriaeth byd ym maes bocsio. Dim ond 13 person arall o Gymru sydd wedi cyflawni'r gamp.

CERDDED I'R CYLCH YN SŴN 'YMA O HYD'

Cerddodd Lauren Price allan o'i ystafell newid a thrwy'r dyrfa at y cylch lle byddai'n bocsio am Bencampwriaeth y Byd ym Mai 2024 yn sŵn Dafydd Iwan yn canu 'Yma o Hyd'. Mae'n gwybod am effaith y gân mewn stadiwm bêl-droed.

> "Dwi ddim yn siarad Cymraeg, ond pan wnes i wrando ar y gân yna rai wythnosau yn ôl roeddwn i'n groen gŵydd i gyd. Ro'n yn meddwl y byddai'r cefnogwyr Cymreig yn canu yn wallgof a dyna ddigwyddodd!"

Angharad Mair

Marathon

- Oeddech chi'n gwybod mai enw lle oedd 'Marathon' yn wreiddiol? Mae hanes difyr iawn tu ôl i'r enw.
- Mae un Gymraes wedi gwneud ei marc yn hanes y ras hefyd sef Angharad Mair – menyw o Gaerfyrddin sy'n gyflwynydd a chynhyrchydd teledu.
- Roedd yn 30 mlwydd oed cyn iddi ddechrau rhedeg ac yn 1997, cystadlodd ym Mhencapwriaeth Athletau'r Byd yn Athens.
- Yng Nghasnewydd yn 2023, torrodd record amser rhedeg hanner marathon i fenywod dros 60 ym Mhrydain.

> **Mae'n bwysig bod ni fel cymdeithas yn meddwl bach yn wahanol am oedrannau yn enwedig gan bod ni'n byw lot yn hŷn nawr.**

Angharad yn rhedeg ym marathon Athen ym Mhencamperiaethau'r byd 1997 (Llun: Mark Shearman)

Lowri Morgan

Mae rhai yn mynd â Ras Marathon un cam ymhellach. Does neb o Gymru wedi mynd â hi cyn belled â'r Gymraes Lowri Morgan.

Plentyndod: Tre-gŵyr.

Camp: Rhedwr Ultra Marathon.

Dyddiau ysgol:

- Ymunodd â Chlwb Harriers Athletics Abertawe a chwaraeodd rygbi dros Gymru.

Yn 19 oed:

- Cafodd anaf drwg a doedd neb yn disgwyl iddi fedru rhedeg byth eto; ond gwrthododd ildio.

Dal ati:

- Daeth i'r brig yn y ras traws gwlad genedlaethol.
- Ymlaen wedyn i gwblhau 10 marathon a dwy gystadleuaeth Dyn Haearn.
- Yn 2016 rhedodd dair marathon ultra (50 milltir yr un) dros dri chopa eiconig yng Nghymru mewn tri diwrnod.

Marathon ultra yn yr Amazon

- Yn 2009, wynebodd Lowri natur wyllt yn un o fannau mwyaf peryglus y blaned – jyngl yr Amazon. Rhedodd ras 138 milltir drwy gorsydd llawn anacondas a nofio drwy afonydd piranha!
- Dim ond 55 o'r 130 a gychwynnodd y ras a groesodd y llinell derfyn. Roedd Lowri yn y 10 cyntaf, yn ail ymysg y rhedwyr amatur, ac yn drydydd ymysg y rhedwyr benywaidd.

6633 Ultra yn yr Artig

- Dyma un o rasys rhedeg di-stop mwyaf eithafol y byd:
  - 350 milltir dros 8 diwrnod
  - tymheredd dyddiol tua -40°C. Rhew dan droed a gwynt milain
  - dim ond 5 person oedd erioed wedi cwblhau'r ras yma cyn i Lowri fentro arni yn 2011.
- Bu'n ymarfer gyda milwyr yn Norwy, rhedodd i fyny ac i lawr yr Wyddfa ddwywaith ar ôl ei gilydd. Yn 2011, dim ond Lowri o Gymru groesodd y llinell derfyn – y chweched person yn y byd i wneud hynny.

"Nid ras gystadleuol i mi oedd hon ond yn her bersonol. Nid torri unrhyw record na chystadlu yn erbyn eraill oedd y nod. Roeddwn i eisiau gwthio fy hun i'r eithaf yn gorfforol ac emosiynol a gweld pa mor bell y gallwn i fynd."

Menywod Cymru

CAMPAU CEFN GWLAD, LLYN a MÔR

Mae môr, llynnoedd a mynyddoedd Cymru yn rhoi digon o gyfle i wneud pob math o gampau.

Campau Cefn Gwlad: Tynnu Rhaff

O'r sioe i'r sgrin!
Yn 2001 cipiodd tîm menywod Clwb Ffermwyr Ifanc Mydroilyn bencampwriaeth Prydain yn y gamp o dynnu rhaff, a chystadlu yn y Bencampwriaeth Ewropeaidd yn y Swistir. Gwnaeth Cwmni Da raglen i S4C yn dilyn eu stori: *Dala'r Slac yn Dynn.*

"Un, dau, tri – TYNNWCH!"

Un o'r timau tynnu rhaff cynnar yn cystadlu yn y Sioe Fawr

Ffion Jones

Campau Cefn Gwlad: Cneifio

Yn y Sioe Fawr mae'r cneifio yn cael llwyfan rhyngwladol erbyn hyn hefyd, ac mae sawl menyw wedi serenu wrth drin gwlân a chydio yn y peiriant cneifio.

Plentyndod: Ar fferm ym Mhontsenni.

Llwyddiant:

- Ennill y teitl 'Trin Gwlân' yng Nghymru 4 gwaith.
- Curo'r gystadleuaeth unigol a thîm ym Mhencampwriaethau'r Byd 2023 yn Sioe Frenhinol yr Ucheldir.

Ysbrydoliaeth:

- Gwenan Paewai; un arall o dalentau'r byd trin gwlân.

Beca Jackson

Plentyndod: Bethesda.

Cystadlu:

- Dechrau cystadlu yn 2016 yn trin gwelleifiau yn Rali Ffermwyr Ifanc Eryri ac yna mynd ymlaen i'r Sioe Fawr. Cystadlu yn y cneifio gyda gwellau hefyd.

Prif lwyddiant:

- Ennill y gystadleuaeth trin gwlân agored yn Sioe Frenhinol yr Ucheldir, 2024.

Ysbrydoliaeth:

- Ei thad, Elfed. Mae Elfed wedi bod yn rhan o dîm cneifio Cymru ers 1998. Cyrraedd y tîm yw gobaith Beca hefyd.

Urdd Gobaith Cymru

Mudiad arall sydd wedi cyflwyno pobl ifanc Cymru i sawl gwahanol fath o gamp yw Urdd Gobaith Cymru.

urdd.org
Urdd Gobaith Cymru

Rhedeg mynydd

Mae'r Rasys Traws Gwlad cenedlaethol, Marathon Eryri a nifer o rasys eraill yn cynnig traciau gwych ar gyfer rhedeg mynydd yng Nghymru.

Llyn Llydaw yng nghanol mynyddoedd Eryri (Llun: Mike Peel, Wikimedia)

Bronwen Jenkinson

Lleoliad: Waunfawr, Caernarfon.

Camp:

- Rhedeg a beicio ar diroedd mynyddig ei hardal.

2018:

- Yn 21 oed, hi oedd y Gymraes gyntaf ers 29 o flynyddoedd i ennill Ras yr Wyddfa. Dyma un o rasys garwaf Ewrop.

2023:

- Daeth yn bencampwr beicio traws gwlad Cymru.

Cychod Rhwyfo Celtaidd

FUOST TI 'RIOED YN MORIO?

- Mae dros 140 cwch rhwyfo hir Celtaidd mewn clybiau ar draws Cymru erbyn hyn, gyda thîmau menywod yn amlwg. Menywod Aberdyfi oedd yn 3ydd (allan o 8 criw) yn y ras 58 milltir dros nos o Abergwaun i Bwllheli yn 2024.
- Mae dros 800 milltir o arfordir gan Gymru, a sawl llyn – mae digon o gyfle i rwyfo a defnyddio pob mathau o gychod!

Victoria Thornley

- Rhwyfwr o Wrecsam sydd wedi cystadlu mewn chwaraeon ers ei bod yn ifanc. Yna yn 2008 cafodd ei 'darganfod' gan y rhaglen chwilio am dalent *Cewri Chwaraeon.*
- Roedd y rhaglen yn dewis pobl ifanc oedd wedi dangos doniau athletaidd – ond roedd yn rhaid iddyn nhw fod yn dal (dynion yn 6' 3" (1.90 cm), a merched yn 5'11 (1.80 cm) – o leiaf).
- Cafodd Victoria ei dewis mewn carfan o wyth i gystadlu yn y Gemau Olympaidd yn Llundain. Daeth yn 5ed yn ei ras. Yn Rio 2016, enillodd fedal arian yn y rhwyfo i bâr. Hi yw'r fenyw gyntaf o Gymru i ennill medal Olympaidd am rwyfo.

Elin Haf Davies

Plentyndod: Parc, Y Bala.

Cefndir: Cafodd ei magu ar fferm ger Llyn Tegid ond doedd ganddi ddim diddordeb mewn chwaraeon dŵr pan oedd yn ferch ifanc.

Mentro ar gamp newydd!

- Mae angen dipyn o gryfder cymeriad i benderfynu rhwyfo ar draws Cefnfor Iwerydd. Er nad oedd Elin wedi bod ar y môr nac wedi codi rhwyf erioed o'r blaen, dyna wnaeth hi a'i chyfaill Herdip Sidhu – y ddwy ohonyn nhw yn nyrsys ar y pryd.

"Mae chwaraeon wedi rhoi sgiliau bywyd i mi – dycnwch, cyd-chware, ymroddiant, a dyfalbarhad – sgiliau sydd wedi fy helpu yn fy ngyrfa ac yn fy mywyd i gyd."

HANES Y DAITH:

- 24 troedfedd oedd hyd y cwch ac un o'r peryglon mawr oedd bod llong gargo yn eu taro.
- Mae rhwyfo'n galed ar y dwylo a'r pen-ôl – cafodd y ddwy bothelli a briwiau poenus.
- Cafodd Herdip wythnos gyfan o salwch môr ar ddechrau'r daith.
- Dillad gwlyb nos a dydd.
- Roedd yr her feddyliol yn anferth, ond gwnaeth y ddwy lwyddo i gwblhau Sialens Woodvale: 'y ras rwyfo anoddaf yn y byd'!

Menywod Cymru
RYGBI a PHÊL-DROED

Timau Rygbi Menywod

Mae'r timau menywod cynharaf yn mynd yn ôl i 1917, cyfnod y rhyfel Byd Cyntaf – cyfnod o newid byd i fenywod.

Ond ar ddiwedd y rhyfel ac ar ôl i'r dynion ddychwelyd adref, diflannodd rygbi menywod bron yn gyfan gwbl o Gymru ... tan y 1970au! Beth yn y byd ddigwyddodd?

Dyddgu Hywel

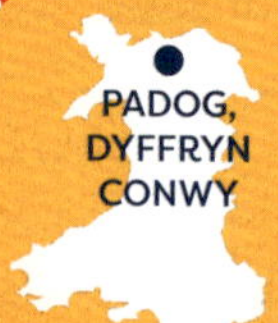

Plentyndod: Padog, Dyffryn Conwy.

Dechrau chwarae: Gyda'i brawd ar ben y grisiau gartref – a Mam yn gweiddi nerth ei phen pan fyddai'r bêl yn taro bylb!

6 oed: Ymuno â Chlwb Rygbi Nant Conwy (yr unig ferch).

Atgof melys:
Caerdydd, 1999: Cymryd rhan yn seremoni gêm derfynol Cwpan Rygbi'r Byd rhwng Ffrainc ac Awstralia, yn rhan o dîm dan 10 oed Nant Conwy. Roedd torf o 80,000 yno.

Mewn llai na 15 mlynedd, roedd Dyddgu yn chwarae dros Gymru ar yr un cae. Gwych!

Hanner gêm

- Daliodd i chwarae i dîm y bechgyn nes ei bod yn 13 oed. Roedd rhaid iddi adael gêm yn ystod hanner amser – roedd hyfforddwr y tîm arall wedi cwyno fod merch yn nhîm Nant Conwy. Am warthus!

“Roedd gen i bwynt i'w brofi fel nad oedd neb yn medru gwahaniaethu rhwng merched a bechgyn.”

Ymroddiad dros Gymru

Wnaeth hyn ddim stopio Dyddgu. Aeth o nerth i nerth:

- 31 o gapiau dros Gymru mewn 7 mlynedd
- dwy bencampwriaeth Cwpan y Byd (2014 a 2017)
- gêm dros dîm y Barbariaid (sêr y byd) yn erbyn Cymru, 2019

... a llawer mwy! Bellach, mae hi'n rhoi'r sylwadau ar gemau rygbi S4C – gan gynnwys rygbi dynion Cymru!

“Rhaid trin pob cyfle fel eich cyfle olaf. All rhywun gipio'r crys oddi arnoch mewn eiliadau. Benthyg y crys ydych chi – cael cyfle i roi eich stamp arno a'i basio mewn cyflwr gwell i'r nesaf.”

Hannah Jones

Plentyndod: Brynaman.

Gyrfa: Dechrau chwarae rygbi mewn timau cymysg yn yr ysgol gynradd cyn ymuno â Chlwb Rygbi y Creunant.

18 oed:

- ymuno â sgwad Tîm Rygbi Menywod Cymru yn 2013/14.
- ennill ei chap cyntaf yn erbyn yr Alban yn 2015
- dechrau gêm am y tro cyntaf yn erbyn Iwerddon yn y Chwe Gwlad yn 2016.

“Mae’n bwysig iawn dangos i’r byd fod gennym ddwy iaith yma yng Nghymru. Fel capten fy ngwlad rwy’n falch o achub ar bob cyfle i ddangos hynny.”

Hannah Jones yn cefnogi Undeb Rygbi Cymru i hyrwyddo’r defnydd o’r Gymraeg yn y gêm.

Troi'n broffesiynol

- Un o'r 12 menyw a dderbyniodd gytundeb proffesiynol i chwarae rygbi dros Gymru yn 2022.
- Gorfod rhoi'r gorau i fod yn fyfyriwr addysg chwaraeon ym mhrifysgol Met Caerdydd!
- Chwarae yn safle'r canolwr.
- Treuliodd 6 mis yn chwarae rygbi 7-bob-ochr yn Awstralia yn 2019. Cafodd ei dewis i'r sgwad o 19 menyw ar gyfer y Gemau Olympaidd yn Japan yn 2021.

CAPTEN CYMRU

2015: Ymuno ag academi clwb Gloucester-Hartpury, clwb sydd wedi datblygu llawer o chwaraewyr proffesiynol Cymru.

2023: Dod yn gapten Cymru ar gyfer pencampwriaeth y Chwe Gwlad.

Mae gêm broffesiynol y menywod yn tyfu'n gyflym yng Nghymru, ac mae maint y tyrfaeodd yn dangos hynny!

Pêl-droed Menywod

Hanes cythryblus – eto fyth!

- 1922: gwaharddwyd menywod rhag chwarae ar gaeau pêl-droed swyddogol yng Nghymru
- Labelwyd pêl-droed menywod yn 'anaddas' ac 'anfenywaidd'
- Sefydlwyd sawl tîm menywod drwy Gymru dros y blynyddoedd, gan gynnwys Tîm Menywod Prestatyn yn 1969 – dyma nhw!

Laura McAllister

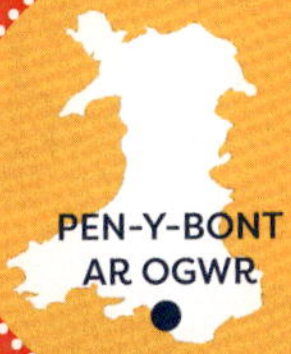

Plentyndod: Pen-y-bont ar Ogwr.

Prifysgol: Llundain, lle dechreuodd chwarae pêl-droed i'r Millwall Lionesses.

Dychwelyd adref:

- Treuliodd 12 blynedd yn gapten clwb pêl-droed Dinas Caerdydd, gan ennill Cwpan Menywod Cymru ddwywaith a dyrchafiad i'r Uwch-gynghrair.

Dal ati:

- Roedd hi am weld safonau yn codi yng Nghymru i fod fel clybiau menywod Lloegr. Gwrthododd dderbyn 'Na!' gan y dynion oedd yn rheoli'r gêm. Amdani, Laura!

Hawl i chwarae dros Gymru

Yn 1993, cerddodd Laura a dwy arall i mewn i swyddfa grand prif weithredwr Cymdeithas Bêl-droed Cymru. Roedden nhw'n teimlo 'fel merched yn mynd o flaen prifathro'! Ond enillodd y tair y ddadl dros sefydlu tîm pêl-droed cenedlaethol i fenywod. Ardderchog!

Codi Cymru

- Cafodd Laura addewid y byddai tîm y menywod yn cael eu trin gystal â'r dynion gan y Gymdeithas. Ond yn anffodus doedd y dynion ddim yn cael eu trin yn dda iawn chwaith!
- Gyda'i gilydd, ymgyrchodd y menywod a'r dynion i godi safonau.
- Dyna roddodd yr hwb i fenywod Cymru gyrraedd gemau terfynol Ewrop 2025 yn Y Swistir.

Agor drysau

- Chwaraeodd Laura yn ail gêm 'swyddogol' Cymru yn 1994 ac aeth ymlaen i ennill 24 cap. Bu'n gapten Cymru tan 1998. Mae'n un o'r menywod wnaeth agor drysau er mwyn i fenywod eraill gerdded trwyddyn nhw.

Daliodd i weithio dros y campau ar ôl ymddeol:

- Un o gyfarwyddwyr Cymdeithas Bêl-droed Cymru
- Is-lywydd UEFA ers 2023 (y person cyntaf o Gymru i fod ar y bwrdd rheoli)
- Ymgyrchu dros yr hawl i ddangos lliwiau'r enfys yng Nghwpan y Byd, Qatar, 2022

Yn ystod cynhadledd #FelMerch (Urdd Gobaith Cymru 2022), dywedodd Laura:

> **Mae'r bwlch enfawr rhwng y rhywiau mewn chwaraeon yn hen newyddion.**
>
> **Cymerwch olwg ar unrhyw barc ar fore Sadwrn neu Sul a chyfrwch faint o ferched sy'n cymryd rhan mewn chwaraeon. Er ei bod yn llawer gwell nag yr oedd, nid yw'n agos at fod yn gyfartal. Er hynny, mae 56% o'r 15,000 sy'n cymryd rhan yng nghlybiau chwaraeon wythnosol yr Urdd yn ferched, felly mae'n amlwg fod y mudiad yn gwneud rhywbeth yn iawn.**

Helen Ward

- Chwarae ei gêm gyntaf dros ei chlwb yn 15 oed yn 2001.
- Mynd ymlaen i chwarae'n broffesiynol.
- Chwarae'n rhan amser ar ôl cael dau o blant.

Dyma'i disgrifiad o'r teimlad yn ystod ei gêm gyntaf yn chwarae dros Gymru.

“Wrth sefyll ar gyfer yr anthem, yn sydyn roedd hyn yn fwy na dim ond gêm. Roeddwn i'n rhan o deulu. Daeth y merched hynny, y tîm hwnnw a Chymru, yn bopeth i mi. Chwarae dros Gymru oedd fy angerdd. Dwi erioed wedi teimlo'n fwy cartrefol na phan rydw i gyda fy nhîm, yng Nghymru.”

Jess Fishlock

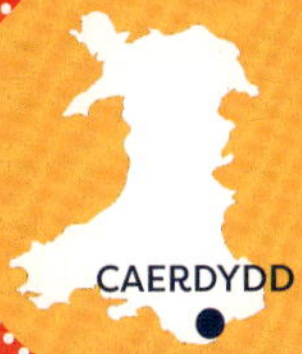

Plentyndod: Caerdydd.

Ffaith: Aeth i wersyll pêl-droed Mia Hamm (pêl-droediwr o UDA) yn ystod gwyliau'r haf a syrthio mewn cariad â'r gêm.

Gyrfa gynnar:

- dechrau ymarfer gyda Menywod Dinas Caerdydd yn 7 oed
- chwarae i Gaerdydd yn 15 oed
- cap cyntaf i Gymru yn 19 oed yn 2006
- derbyn gwahoddiad i chwarae i dîm proffesiynol AZ Alkmaar yn yr Iseldiroedd
- symud i chwarae i Fryste pan lansiwyd Uwch Gynghrair Menywod yn 2011

Cyfnod anodd

Yn 2015, datgelodd Jess fod pobl wedi dweud pethau creulon am ei bywyd personol ar y cyfryngau cymdeithasol.

“Mae pobl yn gallu bod yn greulon ar brydiau ...”

Er gwaethaf yr heriau a'r sylwadau, wnaeth hyn ddim newid Jess, ac erbyn hyn mae'n eicon i ferched a menywod Cymru.

Jess – menyw sy'n ysbrydoli!

- Mae Jess yn ysbrydoliaeth i Gymru. Mae'n ffigwr eiconig ers bron i 20 mlynedd, a bydd yn cael ei chofio mewn hanes ochr yn ochr â Gareth Bale a John Charles!
- Bydd yn 38 oed pan fydd Menywod Cymru yn cyrraedd eu pencampwriaeth mawr cyntaf yn Swistir yn haf 2025, ond hi yw eicon y tîm cenedlaethol yn ôl yr hyfforddwr, Rhian Wilkinson.
- Hi yw'r chwaraewr sydd wedi gwasanaethu hiraf yn y garfan (157 cap) a hi sy'n dal record Cymru a'r sgoriwr mwyaf erioed (46 gôl).
- Ac mae'n dysgu siarad Cymraeg. Falle eich bod wedi ei gweld yn y gyfres *Iaith ar Daith* ar S4C!

Angharad James-Turner

Plentyndod: Llandysilio, Penfro.

Ffeithiau diddorol:

- Bu'n chwarae rygbi a chriced, ond pêl-droed wnaeth gipio'i chalon.
- Roedd yn Ysgol y Preseli yr un pryd â Joe Allen!
- Chwarae dros Gymru dan 16, dan 17, dan 19 cyn cael ei chap llawn yn 17 oed yn 2011.
- Ymunodd ag Academi Arsenal yn 16 oed a chwarae i'r tîm hŷn flwyddyn ar ôl hynny. Cafodd gytundeb dwy flynedd gan glwb North Carolina yng Nghyngrair America yn 26 oed.

Roedd hyn yn dipyn o sioc i'r fenyw o gefn gwlad Sir Benfro.

> **"... doeddwn i ddim yn gallu coginio, doeddwn i ddim yn gallu glanhau, roedd Mam yn gofalu amdana i ac yn mynd â fi i bobman a hi oedd fy nghefnogwr mwyaf ... ddim yn hawdd, yn enwedig bod i ffwrdd o fy nheulu .... Ffoniais fy nhad a gofyn iddo ddod â mi adref ar ôl pythefnos."**

Dywedodd ei thad wrthi am ddal ati am wythnos arall a'i ffonio eto os oedd hi'n teimlo yr un fath.

> **"Ond wnes i ddim ffonio eto. Dydw i ddim wedi edrych yn ôl ers hynny."**

Y 100 cap ieuengaf erioed

- Chwaraewr canol cae yw Angharad. Aeth ymlaen i fod y chwaraewr ieuengaf erioed yn hanes pêl-droed Cymru i ennill dros 100 o gapiau dros ei gwlad.
- Hi oedd Chwaraewr y Flwyddyn Menywod Cymru yn 2017.
- Ar 4 Hydref 2024, cafodd ei phenodi yn gapten y tîm cenedlaethol gan Rhian Wilkinson, hyfforddwr Cymru.

Y Daith i'r Swistir

Roedd dwy gêm anferth o flaen Angharad pan ddaeth hi'n gapten – yn erbyn Gweriniaeth Iwerddon.

Cyfanswm goliau'r ddwy gêm oedd yn penderfynu pa wlad fyddai yn mynd drwodd i Euro 2025 yn y Swistir. Y canlyniad? 3–2 i Gymru. Arbennig!

Tîm y Flwyddyn

- Menywod pêl-droed Cymru enillodd wobr Tîm y Flwyddyn 2024 ar ôl creu hanes ddechrau Rhagfyr trwy gyrraedd un o brif gystadlaethau'r gamp am y tro cyntaf.
- Bydd carfan Rhian Wilkinson yn wynebu Lloegr, Ffrainc a'r Iseldiroedd yng ngemau'r grŵp Euro 2025 yn y Swistir ym mis Gorffennaf.

Park St Jakob, Basel (Llun: Wikimedia)

Beth mae hyn yn ei olygu i gefnogwyr menywod Cymru?

- Ers 2021 mae pêl-droed merched yng Nghymru wedi gweld cynnydd o 45% yn y nifer sy'n cymryd rhan.
- Mae gemau'r tîm cenedlaethol wedi gweld 198% o gynnydd mewn torfeydd, gan dyfu o 1,800 i 5,370 ar gyfartaledd.
- Yn amlwg, mae'r gemau a'r holl gampau eraill yn werth eu gwylio – ac mae menywod Cymru yn prysur adael eu marc ar bencampwriaethau'r byd!
- Mae pob un ohonyn nhw dros y degawdau yn ysbrydoliaeth i bawb. Gobeithio y byddwn ni'n gweld llawer mwy o fenywod Cymru yn cyrraedd y brig yn eu campau. Ymlaen â ni!